Livro de colorir antiestresse

Mirella Spinelli

Mensagens de Fé

Passagens bíblicas para colorir

Arte Terapia

Gutenberg

PUBLISHER
Alessandra J. Gelman Ruiz

EDITORA
Silvia Tocci Masini

ASSISTENTES EDITORIAIS
Carol Christo
Felipe Castilho

ILUSTRAÇÕES
Mirella Spinelli

CAPA
Diogo Droschi

REVISÃO
Lúcia Assumpção

FICHA CATALOGRÁFICA

M548 Mensagens de fé: passagens bíblicas para colorir / ilustrações de Mirella Spinelli. – 1. ed. – Belo Horizonte : Gutenberg, 2015.
84 p. il.

ISBN: 978-85-8235-289-2

1. Stress (Psicologia). 2. Terapias alternativas. 3. Exercícios Terapêuticos. I. Título.

CDU 159.942

A **GUTENBERG** É UMA EDITORA DO **GRUPO AUTÊNTICA**

São Paulo
Av. Paulista, 2.073, Conjunto Nacional, Horsa I, 23º andar, Conj. 2301
Cerqueira César . 01311-940
São Paulo . SP
Tel.: (55 11) 3034 4468

Belo Horizonte
Rua Aimorés, 981, 8º andar
Funcionários . 30140-071
Belo Horizonte . MG
Tel.: (55 31) 3214 5700

Televendas: 0800 283 13 22
www.editoragutenberg.com.br

"O bom pastor dá a vida pelas ovelhas."

(João 10.11)

"E Deus disse:
Haja Luz! E a luz
começou a existir."

(Gênesis 1.3)

“E o anjo disse: Não temam! Eu trago boas novas, e elas serão motivo de alegria para o povo!”

(Lucas 2.10)

"E disse Deus:
Ajuntem-se as águas
que estão debaixo
do céu em um só
lugar, e apareça o
elemento seco.
E assim aconteceu."

(Gênesis 1.9)

"E tem o seu prazer
na Lei do Senhor; e
medita nela de dia
e de noite."

(Salmo 1.2)

“O meu Deus enviou
o seu anjo e fechou a
boca dos leões...”

(Daniel 6.22)

"O que cuida da figueira comerá do seu fruto; e o que dá atenção ao seu senhor será honrado."

(Provérbios 27.18)

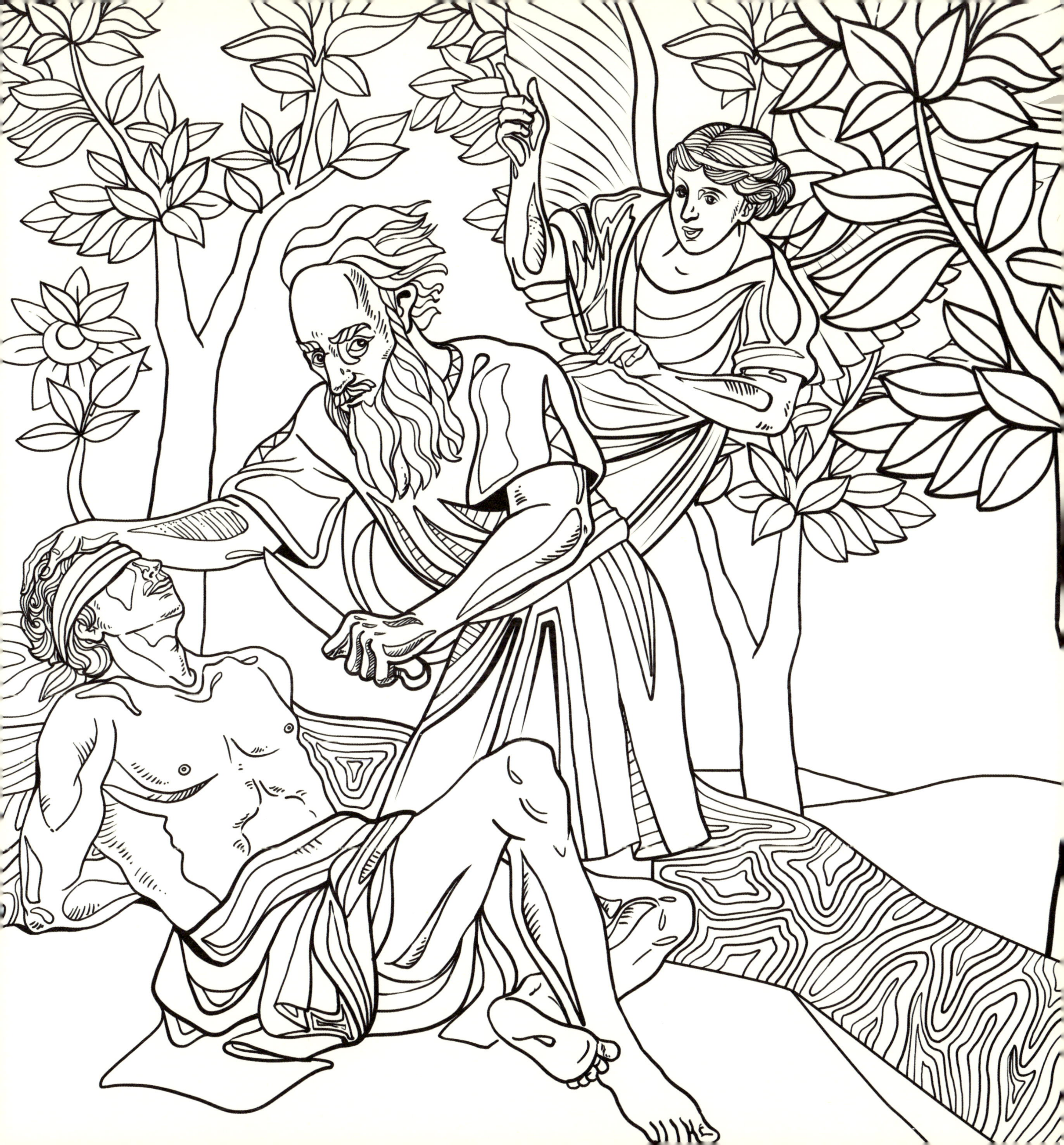

"Então, lhe disse: Não estendas a mão sobre o rapaz e nada lhe faças; pois agora sei que temes a Deus..."

(Gênesis 22.12)

"Porque ele será como
a árvore plantada junto
às águas, que estende
as suas raízes para o
ribeiro..."

(Jeremias 17.8)

“Quem é este, que até aos ventos e à água manda, e lhe obedecem?”

(Lucas 8.25)

"E disse: Nu saí do
ventre de minha mãe
e nu tornarei para
lá; o Senhor o deu, e
o Senhor o tomou:
bendito seja o nome
do Senhor."

(Jó 1.21)

“Deixai vir a mim os
pequenos e não os
impeçais, porque deles
é o Reino de Deus.”

(Marcos 10.14)

"Sobre tudo o que se
deve guardar, guarda
o teu coração, porque
dele procedem as
fontes da vida."

(Provérbios 4.23)

"Desceu a filha de Faraó para se banhar no rio, e as suas donzelas passeavam pela margem do rio; e ela viu o cesto no meio dos juncos, e enviou à sua criada, que o tomou."

(Êxodo 2.5)

"Ama o amigo, e na angústia se faz o irmão"

(Provérbios 17.17)

"E esteve Jonas três dias e três noites nas entranhas do peixe."

(JONAS 1.17)

"Ele me faz
repousar em verdes
pastos e descansar
junto às águas."

(Salmos 23.2)

"Aqueles que foram semeados em boa terra são os que ouvem a palavra, a recebem, e dão frutos."

(Marcos 4.20)

"Pedi, e dar-se-vos-á; buscai, e achareis; batei, e abrir-se-vos-á."

(MATEUS 7.7)

"Eis que um anjo do Senhor apareceu a José, em sonho, e disse: toma o menino e sua mãe, foge para o Egito e permanece lá até que eu te avise."

(Mateus 2.13)

"Os que esperam no
Senhor renovam as suas
forças, sobem como as
águias, correm e não se
cansam, caminham e
não se fatigam."

(Isaías 40.31)

"Jesus dirigiu-se da Galileia ao Jordão, para que João o batizasse."

(MATEUS 3.13)

"Bondade e misericórdia me seguirão todos os dias da minha vida; e habitarei na Casa do Senhor para sempre."

(Salmos 23.6)

"Mas um samaritano vendo-o, compadeceu-se dele."

(Lucas 10.33)

"Entrega o teu caminho
ao Senhor, confia nele,
e ele fará."

(SALMOS 37.5)

"Bendito o Rei que
vem em nome do
Senhor; paz no céu,
e glória nas alturas!"

(Lucas 19.38)

"Bendito seja Deus,
que não rejeita
minha oração, nem
aparta de mim a sua
misericórdia."

(Salmos 66.20)

"De todo animal limpo levarás contigo sete pares: o macho e sua fêmea; mas dos animais imundos, um par: o macho e sua fêmea."

(Gênesis 7.2)

"O Senhor é o
meu pastor; nada
me faltará."

(Salmos 23.1)

"Ora, a serpente, mais astuta que todos os animais do campo que o Senhor Deus tinha feito, disse à mulher: É assim que Deus disse: Não comereis de toda a árvore do jardim?"

(Gênesis 3.1)

"Confia no Senhor e fazei o bem. Habita na terra e alimenta-te da verdade."

(Salmos 37.3)

"E, tomando ele os cinco
pães e os dois peixes,
levantou os olhos ao céu,
abençoou e partiu os pães,
e deu-os aos seus discípulos
para que os pusessem
diante deles. E repartiu os
dois peixes por todos."

(Marcos 6.41)

"Pois comerás do
trabalho das tuas
mãos; serás feliz,
e te irá bem."

(Salmos 128.2)

"E, caindo em terra, ouviu uma voz que dizia: Saulo, por que me persegues?"

(Atos dos Apóstolos 9.4)

"Tudo o que é verdadeiro,
tudo o que é honesto,
tudo o que é justo, tudo
o que é puro, tudo o que
é amável, tudo o que é
de boa fama, se alguma
virtude há e se algum
louvor existe, nisso pensai."

(Filipenses 4.8)

"Respondeu-lhe Jesus:
Eu sou o caminho,
e a verdade, e a vida;
ninguém vem ao Pai,
senão por mim."

(João 14.6)

"Quando passares pelas
águas estarei contigo, e
quando pelos rios, eles
não te submergirão;
quando passares pelo fogo,
não te queimarás, nem a
chama arderá em ti."

(Isaías 43.2)

"Ninguém despreze
a tua mocidade;
mas sê exemplo aos
fiéis, na palavra, no
procedimento, no
amor, no espírito, na
fé, na pureza."

(1 Timóteo 4.12)

"Sê forte e corajoso;
não temas, nem te
espantes, porque o
Senhor, teu Deus,
é contigo por onde
quer que andares."

(Josué 1.9)

"Olhai para as aves do céu, que não semeiam, nem segam, nem ajuntam em celeiros; e vosso Pai celestial as alimenta. Não tendes vós muito mais valor do que elas?"

(Mateus 6.26)

Outros livros de colorir da editora Gutenberg

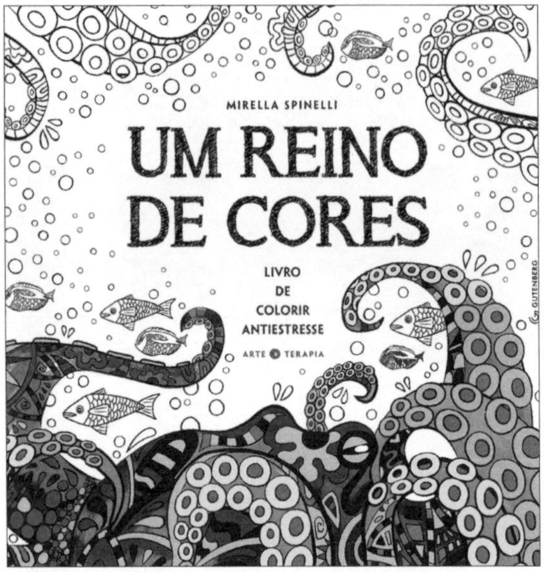

Um reino de cores
Mirella Spinelli

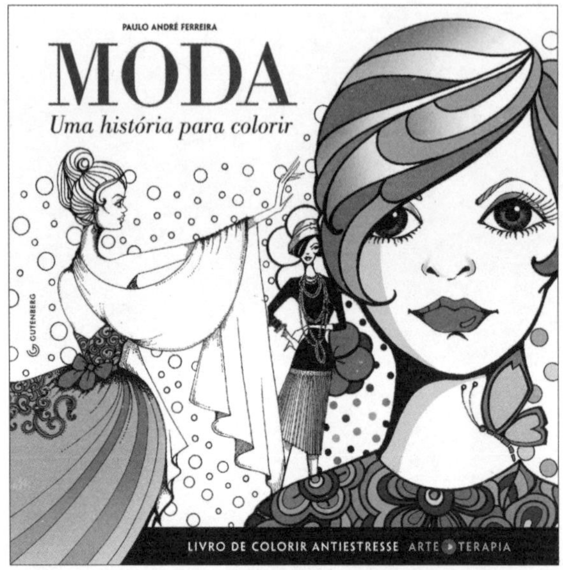

Moda – Uma história para colorir
Paulo André Ferreira

Um jardim de cores
Billy Waqar

O Livro do Sossego
Para colorir, relaxar, desestressar e deixar sua vida mais leve
Ariane Freitas, Jessica Grecco